AF305592

CATALOGUE

D'UN

ÉLÉGANT MOBILIER

STYLES

XVIe & XVIIIe SIÈCLES

COMPRENANT

Trois Salons, Boudoir, Salle à manger
Deux Chambres à coucher, Salle de bains, Antichambre, etc.
Meubles en bois sculpté, Autres en bois de luxe, ornés de bronzes
Riches Tentures, Tapis, Piano à queue de PLEYEL
Belle Baignoire en marbre, ornée de bronzes style Louis XVI

Belle Argenterie

OBJETS D'ART — TABLEAUX — SCULPTURES

Très beau groupe en marbre de d'Épinay : Paul et Virginie

Voitures : Vis-à-vis et petit Duc, de Labourdette

DONT LA VENTE AUX ENCHÈRES PUBLIQUES AURA LIEU

61, BOULEVARD BEAUSÉJOUR, 61

EN L'HOTEL DE Mme LIANE DE POUGY

Les Lundi 9, Mardi 10 et Mercredi 11 Avril 1894

à 2 heures

Par le ministère de :

Me G. BOULLAND	**Me F. ALBINET**
COMMISSAIRE-PRISEUR	COMMISSAIRE-PRISEUR
26, rue des Petits-Champs, 26	51, rue de Maubeuge, 51

Assistés de :

M. A. REINACH	**M. A. BLOCHE**
EXPERT	EXPERT
17, rue Drouot, 17	25, rue de Châteaudun, 25

EXPOSITIONS

PARTICULIÈRE	PUBLIQUE
Le Samedi 7 Avril 1894	Le Dimanche 8 Avril 1894

de 1 heure 1/2 à 5 heures 1/2

NOTA. : *Le présent Catalogue servira d'entrée à l'Exposition particulière.*

Le présent Catalogue se trouve à

Paris	Chez Me G. Boulland, Commis-saire-priseur, 26, *rue des Petits-Champs.*
—	Chez Me F. Albinet, Commissaire-priseur, 51, *rue de Maubeuge.*
—	Chez M. A. Reinach, Expert, 17, *rue Drouot.*
—	Chez M. A. Bloche, Expert, 25, *rue de Châteaudun.*
Londres	Chez M. F. Davis, 147, *New Bond Street.*
Francfort-sur-le-Mein	Chez MM. J. et S. Goldschmidt, *Rossmark.*
Amsterdam	Chez M. J. Boasberg, *Kalverstraat.*
Rome	Chez M. Piatelli, *via Funari*, 34.

CONDITIONS DE LA VENTE

Elle sera faite au comptant.

Les Acquéreurs paieront *cinq pour cent* en sus du prix d'adjudication.

L'Exposition mettant le public à même de se rendre compte de l'état des objets il ne sera admis aucune réclamation une fois l'adjudication prononcée.

Paris. — Imp. de l'Art, E. Moreau et Cie, 41, rue de la Victoire.

DESIGNATION DES OBJETS

REZ-DE-CHAUSSEE

ANTICHAMBRE

1 — Douze portières tombantes ou relevées à l'italienne en étoffe genre oriental, dessins variés en polychrome, avec bandeaux froncés, cordelières, embrasses et franges assorties.

2 — Tenture murale en étoffe fond rouge, dessins polychromes.

3 — Table de style oriental en bois sculpté, dessin moucharabi, laqué et décoré.

4 — Grand fauteuil de même style, foncé de canne.

5 — Deux chaises de même style avec coussins en soierie brochée.

6 — Porte-manteaux de même style.

7 — Cabinet hispano-arabe du XVIe siècle, d'aspect architectural, fond d'or incrusté d'os et d'ivoire. Sur support en noyer à colonnade. Posant sur socle en velours rouge.

8 — Horloge d'aspect monumental sur gaine et couronné par un fronton en noyer ciré et sculpté. Style Louis XIV.

9 — Colonne en marbre onyx d'Algérie montée **en** bronze doré.

10 — Grande vasque en porcelaine de Chine, décor bleu sur blanc, à entrelacs et lambrequins.

11 — Curieux brûle-parfums forme sphérique et repercé en bronze du Japon, couronné par **deux** figurines, porté par une chimère posée sur socle finement ciselé.

12 — Deux figurines, divinités anciennes de l'Inde.

13 — Vase en porcelaine du Japon, fond brun laqué d'or.

14 — Lanterne à pans en bronze nickelé et repercé. Style Renaissance.

15 — Tapis fond rouge à semis de rosaces bleues.

16 — Carpette style Persan, dessin polychrome.

17 — Deux flambeaux en cuivre poli. Style Louis XIII.

SALLE A MANGER

18 — Deux décors de croisée, quatre décorations de portes et un décor de glace composés de douze rideaux, six bandeaux et une bonne grâce en drap avec galons et franges. Style XVI siècle.

19 — Magnifique buffet-dressoir en bois sculpté de style Renaissance, s'ouvrant dans le bas à deux portes offrant en bas-relief des sujets mythologiques, flanqué comme montants de cariatides d'hommes sur gaines drapées, enguirlandées de fleurs et ornées de têtes de béliers. La rangée de tiroirs à hauteur d'appui avec têtes de lions sur cartouches à ornements. Le haut à deux étagères, supporté par des griffons ailés, est couronné par un fronton à écusson accosté de petits amours. Les panneaux de fond offrent en bas-relief des scènes allégoriques à la vie des dieux et des déesses.

20 — Beau meuble crédence s'ouvrant à rabat en
bois sculpté offrant en haut-relief des tritons et
des naïades des enfants soufflant dans des cornes. Aux extrémités des masques fabuleux déco-
rant les battants d'armoire. Deux chimères ailées
supportent le corps principal du meuble. Style
Renaissance.

21 — Grande table ovale avec bandeaux offrant en
bas-relief des compositions raphaëlesques et piè-
tements à lions héraldiques et figures d'amours
s'appuyant sur de gros pilastres ornés de mascarons. Style Renaissance.

22 — Douze belles chaises en bois sculpté de style
Renaissance, dossier à médaillon avec cariatides
d'amours, frontons à mascarons et guirlandes
couvertes en cuir fond d'or, dessin à fleurs en
polychrome.

23 — Vitrine-argentier en bois sculpté, style Renaissance, offrant dans le bas, en haut-relief, des
compositions raphaëlesques, des statues de femmes et des cariatides de personnages diaboli-
ques, avec fronton à écusson accosté de figures
d'amours, garnie de glaces biseautées et à fond
de glace.

24 — Bahut en bois sculpté ouvrant à deux portes et
à trois tiroirs, décor à rosaces entrelacées de
perles. Style XVIe siècle.

25 — Paravent à quatre feuilles en cuir fond doré,
décor à médaillons et corbeilles de fruits en polychrome.

26 — Belle suspension en fer forgé à une lampe et
seize bougies, style XVe siècle, ornée de griffons
ailés, de branches de chêne et d'armoiries.

27 — Statue en bronze : le Penseur, édition de Barbedienne. Socle en peluche.

28 — Groupe de : Flore et l'Amour, bronze d'après
Coysevox, édition de Barbedienne sur socle en
marbre noir, garni de bronze doré.

29 — Écran en bronze fumé et frotté dans le goût
chinois.

30 — Deux candélabres à neuf lumières en marbre
noir et bronze doré, sur socles analogues à
celui du groupe précédent, de Barbedienne.

31 — Paire de grands chenets en fer forgé avec
écusson se terminant par des lys, accompagnés
de leurs pelles, pincettes et traverse. Style XVe
siècle.

32 — Important surtout de table en cristal taillé avec
riche monture en bronze ciselé et doré, style

Louis XVI, composé d'une jardinière de milieu, deux candélabres à neuf lumières, deux étagères à bonbons et huit coupes à fruits.

33 — Beau cartel en bronze ciselé et doré à rocailles et gerbes de fleurs. Style Louis XV.

34 — Deux plats en faïence, représentant : l'un, un buste de femme moyen âge ; et l'autre, un cavalier en armure avec écusson, de Deck.

35 — Joli service à dessert et à café en porcelaine, décor à écusson, bordure gros bleu et or, composé de cent assiettes plates et creuses, quatre raviers, six coupes, sucrier, douze tasses et soucoupes.

36 — Deux réchauds, légumiers, services à café en argenture de chez Odiot et autres. (Sera divisé.)

37 — Beau service à dessert, décor à bouquets de roses en porcelaine fine de Paris.

38 — Cave à liqueurs, avec cage en bronze doré.

39 — Porcelaines et verreries diverses.

40 — Tapis fond rouge, ton sur ton, couvrant la salle à manger.

41 — Carpette ancienne d'Orient, dessin polychrome.

ARGENTERIE

42 — Caisse d'argenterie contenant :

Théière en argent ;
Crémier en argent ;
Pince à sucre en argent ;
Douze couverts en argent ;
Douze fourchettes à entremets en argent.
Douze cuillers à café en argent ;
Douze cuillers à glace en argent ; pesant
ensemble 1280 grammes ;
Porte-tartine en métal.

43 — Six couverts à entremets. Style Louis XVI.

44 — Douze couteaux de table, manches nacre, garniture en argent.

45 — Douze couteaux à dessert, manches nacre, garniture en argent.

46 — Tasse à déjeuner en argent guilloché.

47 — Tasse à déjeuner gravée.

48 — Deux salières en argent. Style Louis XV.

49 — Deux pots à eau et deux cuvettes. Style Louis XV, argent.

50 — Quatre flacons, cristal et argent.

51 — Quatre boites à poudre.

52 — Une double saucière et son plateau, de la maison Boin et Taburet.

53 — Deux coquilles, style Louis XV, en argent et vermeil.

54 — Une grande coquille à trois usages en argent et vermeil.

55 — Une couronne ancienne, en argent.

56 — Un huilier, époque Empire, avec cristaux.

57 — Un drageoir, style Louis XV, en argent et vermeil.

58 — Douze salières et douze pelles. Style Louis XVI.

59 — Groupe argent russe : Troïka et son attelage.

60 — Groupe en argent russe : Cavalier à l'affût.

61 — Petit lustre en argent hollandais.

62 — Ménagère en argent hollandais.

63 — Service à thé, quatre pièces, en orfèvrerie russe.

64 — Splendide glace, style Louis XVI, en orfèvrerie de la maison Froment Meurice.

65 — Médaillon en argent massif.

66 — Deux couteaux anciens, dont un avec lame
en or.

67 — Deux flambeaux anciens en métal argenté.

68 — Six aiguières en métal argenté.

69 — Deux jardinières en métal argenté.

70 — Deux plateaux Louis XV, en métal argenté.

GRAND SALON

71 — Six décorations de portes et un décor de glace
en gros de Tours, fond mais broché à bouquets
de fleurs, gerbes et festons en polychrome, composé de grands rideaux avec bonnes-grâces et draperies doublées de velours vert, le tout garni de
franges, accompagné de glands et d'embrasses
assortis.

72 — Joli meuble de salon composé d'un canapé et
deux fauteuils en bois sculpté et doré, dessins à
rais de cœur, et perlés couverts en brocart,
à trophées de carquois et d'arcs, bouquets de
fleurs et groupes de colombes sur fond mais,
plus quatre chaises en bois sculpté et doré.

dossiers décor à scènes champêtres, genre vernis Martin, couvertes en même soierie. Style Louis XVI. (Pourra être divisé.)

73 — Deux coussins en même brocart.

74 — Belle bergère en bois finement sculpté et doré, dessins à chaînettes et perlés avec accotoirs à guirlandes et chutes de laurier, support à feuilles d'eau, pieds à spirales et feuillages, couverte en même soierie, gainée en dauphine de même ton, garnie de passementeries assorties. Style Louis XVI.

75 — Belle bergère en bois finement sculpté et doré, modèle analogue, couverte en satin rose, brochée à bouquets de fleurs. Style Louis XVI.

76 — Beau paravent à quatre feuilles et à double face en bois sculpté et doré, dessin à piécettes entilées, couronnes de fleurs et nœuds de rubans, garni d'un côté de satin bleu pâle broché, et de l'autre côté de soierie fond rose pointillé. Style Louis XVI.

77 — Très jolie vitrine à hauteur d'appui en bois finement sculpté et doré, montants à colonnes plates surmontées de chapiteaux, encadrements à rubans entrelacés, bandeaux à ornements, les côtés à étagères, dessus en marbre bleu turquin. Style Louis XVI. Travail de *Dromard*.

78 — Très beau meuble d'appui à côtés arrondis, en
bois d'acajou, richement garni de bronzes ciselés
et dorés, bandeaux à guirlandes de roses reliées
à des chutes d'acanthe, entre-deux à chutes de
trophées de lauriers suspendues à des festons de
rubans. La porte du milieu est ornée d'un bas-
relief à groupes de colombes et trophées de carquois, d'arcs, de torches et de fleurs. Les
portes de côté sont ornées de médaillons à groupes
de colombes dans les nuages. Dessus en marbre
blanc. Style Louis XVI. Rappelle le dressoir du
Garde-Meuble.

79 — Deux consoles en bois sculpté et doré, bandeaux à jour ornés de guirlandes de fleurs,
pieds à griffes de lions, avec vases enguirlandés
de fleurs au milieu. Dessus en marbre blanc.
Style Louis XVI, de Fourdinois.

80 — Guéridon en bois d'acajou, garni de bronzes
ciselés et dorés. Dessus en marbre rouge. Style
Louis XVI.

81 — Écran en noyer sculpté, couronné par un
groupe de colombes se becquetant, montants à
colonnettes cannelées surmontées de pommes de
pin. Panneau en dauphine bleu pâle brochée, à
corbeilles et arbustes fleuris. Style Louis XVI.

82 — Deux très jolies chaises en bois finement

sculpté et doré, dossiers forme écussons, dessin
à piécettes enfilées, rubans entrelacés et draperies ornementées, pieds cannelés avec chutes,
couronné de chapiteaux à feuilles d'acanthe.
Revers orné comme le devant, foncé de canne
dorée. Style Louis XVI. Travail de *Dromard*.

83 — Petite table ovale en marqueterie de bois garnie
de bronze. Style Louis XVI.

84 — Joli marbre : *la Source*, de Falguière, sur
socle marbre blanc à canneaux de style Louis XVI
et ornés de beaux bronzes ciselés et dorés.

85 — Paire de beaux candélabres formés de statuettes
d'enfants en marbre blanc, inspirés de François
Flamand, tenant des cornes d'abondance, avec
corbeilles fleuries, bouquets à cinq lumières et
socles à tore de laurier en bronze ciselé et doré,
de style Louis XVI.

86 — Très beau groupe en marbre : *Paul et Virginie*,
de P. d'Epinay signé, monté sur socle à plinthe
tournante garnie de peluche rouge.

87 — Grande glace avec cadre d'aspect architectural
en bois de citronnier sculpté rehaussé d'or par
parties ; de Fourdinois.

88 — Grande glace avec cadre doré, fronton à écusson
accosté d'amours tenant des guirlandes de fleurs.

89 — Beau lustre en bronze doré à quarante-quatre
lumières, garni de guirlandes et de pendeloques
en cristal taillé. Style Louis XVI.

90 — Table à jeu en marqueterie de cuivre sur bois
noir et garni de bronzes.

91 — Coupe en bronze argenté et doré avec sujets
en bas-relief.

92 — Devant de feu en bronze doré composé de
deux chenets à balustrades avec brûle-parfums,
reliés par une galerie. Style Louis XVI.

93 — Paire de belles torchères formées de vases en
marbre rouge griotte richement montés en bronze
doré avec bouquets de lys à sept lumières. Style
Louis XIV, de Barbedienne.

94 — Groupe en terre cuite : le Réveil, de Carrier-
Belleuse.

95 — Colonne en marbre rouge avec chapiteaux et
montures en bronze ciselé.

96 — Jardinière ovale et lobée en émail cloisonné de
Chine, fond rose à grands bouquets de fleurs,
monture en bronze ciselé et doré, pieds à têtes
d'éléphants, de Barbedienne.

97 — Paire de candélabres formés d'éléphants carapaçonnés portant des vases en émail cloisonné de Chine, fonds rose et bleu turquoise, monté sur socle ajouré avec bouquets à six lumières en bronze ciselé et doré de Barbedienne

98 — Deux groupes de cinq figures, sujets champêtres en porcelaine de Saxe.

99 - Statuette de vestale en marbre blanc, inspirée de Marin.

100 — Deux statuettes en bronze patine claire : les Danseurs italiens, de A. Carrier.

101 — Paire de lampes en émail cloisonné de Chine, fond bleu turquoise avec dragons et arabesques en couleur, monture en bronze fumé et frotté.

102 — Grand tapis d'Orient, fond rouge, dessin polychrome

103 — Tapis forme galerie ancien d'Orient.

104 — Carpette d'Orient, fond rouge, dessin polychrome.

DEUXIÈME SALON

105 — Cinq décorations de portes et croisées composées de grands rideaux et portières en lampas fond crème lamé d'or, dessin à grands ramages, et velours ciselé ton chaudron, avec draperies et bonnes grâces, garni de franges pompons relevées par des embrasses et des cordelières à gros glands assortis.

106 — Tenture murale de la pièce en lampas analogue.

107 — Décor de cheminée en lampas et gourgouran relevé par des cordelières.

108 — Joli meuble composé d'un canapé et de deux fauteuils en bois finement sculpté et doré, dessin à rocailles fleuronnées, couverts en dauphine gris argent broché à grands bouquets de fleurs et rocailles. Style Louis XV.

109 — Deux belles bergères, forme à contours en bois sculpté et doré, à fleurs et rocailles, couvertes en satin blanc argent broché à gerbes de fleurs et plumes. Style Louis XV.

110 — Petit fauteuil, dit éperon, en bois finement

sculpté et doré, dessin à rocailles fleuronnées, couvert en satin gris argent broché à plumes et bouquets de fleurs. Style Louis XV.

111 — Marquise en bois sculpté et doré, foncé de canne dorée. Style Louis XV.

112 — Deux chaises en bois sculpté et doré, dessin à coquilles et rocailles, couvertes en satin blanc argent broché à bouquets de fleurs. Style Louis XV.

113 — Beau paravent triptyque en bois sculpté et doré, dessin à rocailles fleuronnées, garni de dauphine rose pâle brodée à bouquets et rinceaux, le haut à glaces biseautées. Style Louis XV.

114 — Petite table en bois de rose, forme à contours, garnie de bronzes ciselés et dorés ; dessus en onyx d'Algérie. Style Louis XV.

115 — Jolie vitrine en bois de violette richement garnie de bronzes ciselés et dorés, dessin à rinceaux feuillagés et fleuris ; dessus en marbre rouge, fond de glace. Style Louis XV.

116 — Belle vitrine à deux corps, forme bombée, cage en bois sculpté et doré, dessins à rocailles fleuronnées, intérieur gainé de peluche rose. Style Louis XV.

117 — Belle glace biseautée avec cadre à fronton et
doré, dessin style Louis XV.

118 — Trois coussins en satin broché, soierie et
moire.

119 — Lampe de parquet en bronze portée par trois
cariatides de femmes.

120 — Joli support en bois rose garni de bronzes dorés
avec médaillons à personnages en vernis Martin;
dessus en onyx d'Algérie. Style Louis XV.

121 — Belle statuette en marbre blanc teinté : l'Inno-
cence inquiète, par Jean Martens, signée et datée
1889, a figuré au Salon de 1890.

122 — Deux statuettes en bronze argenté : Trouba-
dour et spadassin, de Lalouette.

123 — Paire de vases en porcelaine de Chine, forme
bouteille, vert céladon, à paysage et oiseaux en
camaïeu bleu; monture en bronze doré avec bouquets de lis à sept lumières. Style Louis XVI.

124 — Paire de chenets en bronze doré, représentant
des dragons sur des bosquets à rocailles et feuillages. Style Louis XV.

125 — Lustre à vingt-deux lumières en bronze doré.

garni de pyramides, de plaquettes et de pendeloques en cristal taillé. Style XVIII° siècle.

126 — Statuette : *la Bacchante couchée*, bronze de
Devaux, signé. Socle en marbre noir.

127 — Statuette en terre cuite : la Petite Dénicheuse
de nids, de Mathurin Moreau. Signé.

128 — Statuette en bronze : Minerve. XVII° siècle.

129 — Statuette en bronze : la Frileuse, de Houdon.
Édition de Barbedienne.

130 — Paire de vases en porcelaine de Tournay,
décor gros bleu à rehauts d'or avec médaillons
représentant : le Lever et la Toilette de la Marquise, d'un côté, et des Paysages de l'autre.
Monture bronze, style Louis XVI.

131 — Groupe : Lionne et Antilope; bronze vert de
Barye signé.

132 — Lion en bronze de Barye signé.

133 — Sanglier, en marbre vert de Florence.

134 — Deux groupes en biscuit : le Printemps et
l'Hiver.

135 — Deux cassolettes formant flambeaux en
bronze doré. Style Louis XVI.

136 — Groupe en porcelaine, genre de Saxe : Vénus
et l'Amour.

137 — Groupe de deux Enfants, un Amour et un
Chien.

138 — Groupe de deux Amours jouant avec le
glaive de Mars, en porcelaine de Saxe.

139 — Figurine en marbre tendre : la Plongeuse.

140 — Encrier en bronze vert, décoré de sujets en
bas-relief : Allégorie aux travaux d'Hercule, couvercle avec groupe d'Hercule enfant et le Ser-
pent.

141 — Cave à odeurs en bronze doré, couronné par
un groupe de trois figures, décor en bas-relief,
dans le goût de la Renaissance.

142 — Boite ovale en caillou d'Egypte, monté à charnières en argent.

143 — Boite à lait miniature en argent. Travail
hollandais.

144 — Trois petites chaises miniatures en argent. Même travail.

145 — Le Chien à l'attache, bronze argenté, édition de Giroux.

146 — Petit coq en bronze argenté de Frémiet (signé).

147 — La Levrette à la bille, bronze de Mène (signé).

148-154 — Diverses pièces de vitrine en argent, porcelaine et bronze. Sera divisé.)

155 — Tapis fond rouge à semis de rosaces bleues, couvrant la pièce.

156 — Petite carpette ancienne d'Orient, décor polychrome.

TROISIÈME SALON

157 — Trois décors de fenêtres et deux décors de portes, composé de grands rideaux avec draperies et bonnes grâces en peluche rouge, garni de franges, accompagné d'embrasses assorties avec porte-embrasses nickelés.

158 — Grand store en foulard crème avec entre-deux
et bordure de guipure.

159 — Piano à queue en palissandre de Pleyel.

160 — Dessus de piano en lampas vert broché à
rosaces et garni de franges polychromes.

161 — Dessus de piano en satin crème, orné d'applications et de broderies de soie, garni de riches
franges et passementeries.

162 — Meuble à deux corps en bois sculpté ouvrant
à quatre portes et deux tiroirs offrant en bas-
relief des cartouches à mascarons sur fond très
ornementé, des frises à arabesques et, comme
montants, des suites de trophées guerriers. En
partie du XVI° siècle.

163 — Meuble à deux corps en noyer sculpté, ouvrant
à quatre portes et décoré d'ornements, montants
à colonnes cannelées, corniche à figures de ché-
rubins. En partie du XVII° siècle.

164 — Table à jeu en palissandre ciré, à pieds
cannelés, s'ouvrant à charnière.

165 — Table rectangulaire ou bureau plat à deux
tiroirs avec tablettes de chaque côté en chêne,
incrusté de filets de cuivre. Fin Louis XVI.

166 — Guéridon en onyx d'Algérie, monté en bronze doré.

167 — Table Gigogne en bois noir incrusté d'ivoire.

168 — Guéridon russe avec service de fumeur en corne, monture en métal nickelé.

169 — Deux fauteuils, forme Louis XIII, en noyer sculpté couvert en tapisserie, paysage avec volatiles, garnis de franges.

170 — Grand fauteuil en bois sculpté, époque Louis XIV, couvert en velours vert frappé, dessin : oiseaux et branchages.

171 — Grand fauteuil en bois sculpté époque Régence, couvert en soierie ancienne brochée à fleurs sur fond vert.

172 — Deux fauteuils dossiers à médaillon en bois sculpté, époque Louis XVI, couvert en soierie ancienne brochée à fleurs sur fond crème.

173 — Joli fauteuil forme coquille en noyer sculpté rehaussé d'or par parties, dessin dauphins et rocailles, foncé de canne dorée. Style Louis XV.

174 — Chaise même style.

175 — Tabouret de piano en noyer sculpté, partie
doré, couvert en soierie rose brochée à fleurs.
Style Louis XV.

176 — Tabouret de piano en bois sculpté et doré,
couvert en tapisserie à fleurs. Style Louis XVI.

177 — Lampe de parquet en bronze, semblable à
celle du deuxième salon.

178 — Pendule en marqueterie de cuivre garni de
bronze Louis XIV, cadran signé : Martinet. Sur
socle d'applique en bois noir.

179 — Deux bas-reliefs en bronze argentés : les
Sources, d'après *Jean Goujon*, dans un cadre en
bois noir, de Barbedienne.

180 — Très beau buste de femme en marbre sur
socle en velours rouge. Époque Empire.

181 — Paire de vases de Chine, fond rose, décor en
relief et en couleur.

182 — Potiche en ancienne porcelaine de Chine,
famille verte, décor à personnages.

183 — Potiche en porcelaine de Chine, décor à personnages.

184 — Petit candélabre à trois lumières, formé par un vase en vieux Chine, famille verte, décor personnages, monture bronze doré.

185 — Service à bière, en verre de Bohême émaillé et doré.

186 — Lustre en bronze émaillé et doré, à vingt-quatre lumières, système à gaz.

187 — Paire de flambeaux en cuivre poli. Style Louis XIII.

188 — Petit traineau miniature en bois sculpté, fond d'or à fleurs, garni de peluche rouge.

189 — Paire de lampes fond vert céladon, montées en bronze.

190 — Paire de vases en émail cloisonné du Japon, montés en bronze.

191 — Jardinière en bois noir sculpté avec plaque en faïence, décor dans le goût persan, de Deck.

192 — Lampadaire à statuette de femme debout portant la lampe.

193 — Chaise volante. Style mauresque.

194 — Fauteuil en bois sculpté. Style Renaissance.

195 — Grande carpette orientale fond bleu, dessin polychrome.

196-197 — Deux carpettes orientales polychromes.

ESCALIER

198 — Tapis en moquette rouge, semis de rosaces bleues couvrant quarante-six marches, trois paliers et un corridor.

199 — Tapis chemin, genre oriental, fond maïs, dessin polychrome, couvrant vingt-quatre marches et un palier.

200 — Tapis galerie orientale, fond bleu, bordure rouge, dessin polychrome.

201 — Vasque en porcelaine de Chine, décor bleu sur blanc.

202 — Jardinière en émail cloisonné de Chine, bleu turquoise à paysages et oiseaux en polychrome. Monture en bronze doré à tête d'éléphant.

203 — Colonne en marbre rouge, monture en bronze ciselé.

204 — Quatre décors de fenêtres et de portes en étoffe, genre orientale, semblables à celles des portières de l'antichambre.

205 — Tenture murale semblable à celle de l'antichambre.

206 — Grande glace biseautée avec cadre en bois noir sculpté.

207 — Statuette en terre cuite : Petit Noël de Maubach.

208 — Colonne en marbre rouge avec plinthe et chapiteau en marbre blanc.

209 — Deux chaises en bois sculpté, dessin à fleurs et rocailles, couvertes de bandes de tapisseries Louis XV.

210 — Petit canapé en bois sculpté, dossier à arcades couvert en soierie ancienne, fond rose. Louis XVI.

211 — Deux jardinières en porcelaine de Chine, décor bleu sur blanc.

212 — Deux supports ou tabourets en bois de fer
sculpté de Chine, dessus en marbre.

213 — Fauteuil en noyer sculpté, forme Henri II,
couvert en satin brodé de Chine.

214 — Tenture flottante couvrant la rampe de l'es-
calier, composée de diverses étoffes orientales.

BOUDOIR

215 — Belle tenture flottante et amplement drapée,
relevée par des cordelières à gros glands en
lampas fond rose, dessin à grands ramages et
ornements bouton d'or ambré.

216 — Plafond en satin plissé et rayonnant rose pâle.

217 — Décors de fenêtre, de glace et de cheminée
en soie épinglée fond crème brochée à bouquets
de fleurs et branchages au cannetillé en polychrome garni de franges relevées par des cordelières à gros glands en passementerie assortie.

218 — Trois stores de vitrage et de glace en étamine
écru.

219 — Très belle chaise longue en deux parties en

bois sculpté et doré, dessin à rocailles et enroulements, foncée de canne dorée, accompagnée de coussins en soierie ancienne fond blanc, brochée à bouquets de fleurs et festons au cannetillé. Style Louis XV.

220 — Joli canapé en bois sculpté et doré, dossier à fronton, cœurs d'acanthe et bouquets de fleurs, moulures et bandeaux, dessin perlé et rais de cœur, couvert en velours de Gênes, fond gris argent à parterre de fleurs polychromes. **Style Louis XVI.**

221 — Fauteuil-marquise, même style, en bois sculpté et couvert en même velours.

222 — Fauteuil avec dossier renversé, à traversin en soierie ancienne fond crème, brochée à gerbes de fleurs et festons au cannetillé, traversin et bras en velours vert garni de franges et passementerie.

223 — Chaise chauffeuse, dossier forme éventail couvert en satin havane pâle broché d'or et de soie à bouquets de fleurs et festons au cannetillé gainé et chamarré de peluche chaudron, garni de cordelières et de belles franges assorties.

224 — Cinq jolies chaises légères en bois finement sculpté et doré, dossiers à médaillons, foncées de canne dorée. Style Louis XVI.

225 - Table à contours en bois sculpté et doré, dessin à coquilles, fleurs et rocailles, dessus en onyx d'Algérie. Style Louis XV.

226 — Petit meuble bahut forme bombée en palissandre, battant décor vernis Martin représentant les Confidences galantes, garni de bronzes dorés, dessus marbre rouge. Style Louis XV.

227 — Table avec tiroir, décor genre vernis Martin avec médaillon à personnages encadré de rocailles sur fond aventurine. Style Louis XV.

228 — Guéridon en bois d'érable, dessus en onyx. Style Louis XVI.

229 — Deux colonnes en bois sculpté rehaussé d'or orné de guirlandes de fleurs. Style Louis XVI.

230 - Deux tables orientales en bois sculpté moucharabi ornée d'incrustations de nacre et d'ivoire.

231 — Paire de vases en émail cloisonné du Japon, panse fond rose, col fond blanc et pied fond vert, décor à oiseaux perchés sur des branchages fleuris, arabesques et rosaces.

232 — Deux grands et beaux vases en bronze martelé et ciselé du Japon, panse décorée d'ibis et de cigognes supportés par quatre chimères.

233 — Jardinière en émail cloisonné de Chine fond bleu turquoise à fleurs et oiseaux, monture bronze frotté d'or, à têtes d'éléphants.

234 — Paire de lampes formées de vases, en ancienne porcelaine de Chine, décor oiseaux, fleurs et feuillages. Monture en bronze doré. Style Louis XVI.

235 — Groupe en bronze de deux figures : *la Découverte*, de Gerville. (Signé).

236 — Meuble formant casier et étagère recouvert en peluche et soierie brochée.

237 — Devant de feu en bronze à figures d'enfants, allégorie de l'automne.

238 — Vase en bronze doré avec anses à figures de sphynx, décoré autour de la panse des signes du zodiaque, socle en onyx d'Algérie.

239 — Coupe en onyx d'Algérie montée en bronze doré.

240 — Lustre à quinze lumières en porcelaine genre de Sèvres, fond bleu turquoise, médaillons à scènes champêtres et bouquets de fleurs, monture bronze. Style Louis XVI.

241 — Tapis en moquette rouge à semis de rosaces bleues couvrant le boudoir et le cabinet de toilette qui suit.

242 — Carpette d'Orient, dessin polychrome.

CABINET DE TOILETTE

243 — Décors de baie et de croisée en étoffe orientale analogue à celle de l'antichambre.

244 — Portière de Karamanie avec draperie.

245 — Portière en satin rouge brodé du Japon, décor à ibis et cigognes dans un paysage.

246 — Tenture murale et plafond en étoffe rayée polychrome genre orientale.

247 — Toilette en bois des Iles sculpté avec battants ornés d'applications de nacre, d'ivoire et de laque représentant des personnages, des oiseaux et objets divers chinois. Dessus de tablette en marbre rouge d'Égypte surmontée d'une glace avec cadre architectural à fronton. Travail français dans le goût chinois.

248 — Cabinet en ancienne laque noire, décor à rehauts d'or représentant des paysages et des vues

de villes de la Chine, avec charnières et appliques de serrure en bronze gravé et doré, monté sur socle en bois noir sculpté.

249 — Très belle chaise longue en deux parties en bois sculpté et doré, dessin à rubans enguirlandés, rais de cœur et piécettes enfilées ; le dossier de la chaise et le bout qui forme fauteuil sont ornés d'accotoirs de têtes de béliers finement sculptés ; couverte en velours de Lyon fond bleu clair, dessin en relief bistre à petits médaillons, guirlandes de fleurs et nœuds de rubans. Style Louis XVI. Accompagnée d'un petit traversin.

250 — Guéridon en vernis Martin et acajou, dessus en marbre gris garni de perles de bronze. Style Louis XVI.

251 — Bahut de forme ventrue, en palissandre, avec médaillon vernis Martin, fond d'or, représentant la Bonne aventure, garni de bronze doré. Dessus en marbre brèche du Languedoc. Style Louis XV.

252 — Guéridon hexagonal, en bois de citronnier, dessus en marbre brèche d'Alep. Style Louis XVI.

253 — Miroir biseauté, avec cadre en bois sculpté et doré. Style Louis XIV.

254 — Console d'applique, en bois sculpté et doré,
orné de têtes de béliers et de guirlandes de laurier. Style Louis XVI.

255 — Paravent à trois feuilles, en satin bleu clair,
brodé à parterre de fleurs et de fruits.

256 — Petit paravent à trois feuilles, en soierie brochée, à bouquets de fleurs, fond et revers en
velours rouge.

257 — Brûle-parfums, en bronze ancien de Chine
gravé, avec socle et couvercle en bois sculpté.

258 — Paire de lampes en faïence de Marseille, décor à rocailles et fleurs, monture bronze doré.
Style Louis XV, de Gagneau.

259 — Deux grands groupes en porcelaine de Saxe,
représentant des nymphes et des amours.

260 — Miroir biseauté, à chevalet, avec cadre en
porcelaine de Saxe, décor à fleurs, figures d'a-
mours et écusson en relief.

261 — Pendule forme monument, en marbre blanc
et bronze doré, orné de guirlandes de lauriers,
couronnée par un trophée de torches et de carquois. Style Louis XVI. Cadran signé Barbedienne.

262 — Paire de candélabres en onyx d'Algérie, montés en bronze doré, bouquets à cinq lumières. Style Louis XVI.

263 — Lustre à huit lumières, en cuivre repercé et bruni.

264 — Carpette ancienne d'Orient.

I^{RE} CHAMPRE A COUCHER

265 — Très beau lit de milieu, en noyer sculpté, partie rehaussée d'or, orné de cariatides de femmes à pieds de sphynx avec fronton à coquilles, fleurs et mascarons se détachant au milieu de grands enroulements, fond en peluche bleue ornée de coquilles et de rinceaux en applications. Style Régence.

266 — Deux tables de nuit en noyer sculpté, en partie rehaussé d'or, à sujets d'après Jean Goujon.

267 — Joli meuble à deux corps, en noyer finement sculpté, à colonnettes détachées supportant le fronton, avec petit monument au milieu; il s'ouvre à deux portes ornées d'émaux peints à figures allégoriques de Cérès et Pomone se détachant sur des encadrements d'aspect architectural avec motifs très délicats en bas-

relief. Le fond orné de deux cariatides se profilant sur les côtés du meuble ; l'intérieur forme cabinet, s'ouvrant à plusieurs tiroirs, avec niche au centre. Travail de style Renaissance.

268 — Grande et belle commode Louis XV, de forme ventrue et cintrée sur les côtés, en bois rose et palissandre, richement garnie de bronzes à rocailles, dessus en marbre brèche d'Alep.

269 — Support en noyer sculpté, à cariatides d'enfants et rocailles avec groupes de dauphins s'enroulant autour du piétement. Style Louis XV.

270 — Quatre chaises légères, en noyer sculpté foncé de canne dorée. Style Régence.

271 — Beau décor de lit, deux décors de croisées, deux décors de glaces et tenture murale flottante et amplement drapée en brocatelle de soie bleue, dessin ton sur ton à parterre de fleurs et feuillages avec draperie et ciel-de-lit en brocart crème broché d'or, le tout garni de franges et passementeries, relevé par des cordelières avec glands assortis.

272 — Joli buste en marbre : *Petite bacchante*, de LANZIROTTI signé, sur socle en peluche rose.

273 — Paire de girandoles à cinq lumières, en bronze doré, modèle à rocailles. Style Louis XV.

274 — Paire de petits flambeaux en bronze doré, modèle à rocailles. Style Louis XV.

275 — Jardinière ovale et lobée en émail cloisonné de Chine, fond noir, décor à fleurs et oiseaux, monture bronze doré à branches de bambous.

276 — Paire de vases en onyx d'Algérie, monture en bronze doré, pieds à cariatides de bacchants.

277 — Coffre à dentelles, en bois d'ébène avec plaques de mosaïque de Florence à fruits et oiseaux, garni de bronze doré, porté par quatre dragons ailés. Style Louis XIV.

278 — Lustre à six lumières en bronze ciselé et doré, orné de cariatides de femmes et de têtes d'enfants, modèle de Boule. Style Louis XIV.

279 — Table forme cœur en peluche avec draperie brochée à fleurs.

280 — Statuette en bronze patine claire : l'*Amour captif* de G. BALLONI signé.

281 — Tapis en moquette rouge à semis de rosace bleue.

282 — Carpette orientale, dessin archaïque fond
bleu bordure polychrome.

283 — Devant de feu en bronze doré modèle à
à cariatides de bacchants et rinceaux ajourés.

284 — Baguier en agate orientale monture bronze
doré, de Barbedienne.

2 CHAMBRE A COUCHER

285 — Grand et beau lit de repos en bois sculpté et
doré, le fond supporté par des cariatides
d'amours tenant des guirlandes de fleurs. couvert de soierie rose, le tour drapé de soie rose
brochée brodée à guirlandes de fleurs, et garni
d'une double frange de soie assortie, de Penon.

286 — Couvre-lit en satin rose orné de guirlandes
de fleurs et de feuillages brodés et garni d'une
grande frange assortie.

287 — Traversin couvert en satin blanc avec broderies analogues.

288 — Beau décor de lit, deux décors de croisées,
en soierie rayée moirée rose et blanc, brochée
à guirlandes de fleurs avec draperie combinée
en velours vert garni de franges assorties.

289 — Deux portières et décor de glace en velours vert.

290 — Tenture murale en velours vert.

291 — Bureau cylindre avec dessus formant cabinet en acajou et vernis Martin, décor à scènes champêtres, garni de cuivres, dessus en brocatelle d'Espagne. Style Louis XVI.

292 — Guéridon en acajou garni de bronze doré, dessins en brèche d'Alep. Style Louis XVI.

293 — Chaise en bois sculpté et doré, dessus en soierie ancienne bleue claire brochée à fleurs.

294 — Jolie petite chaise en bois finement sculpté et doré, dossier à médaillon, foncée de canne dorée. Style Louis XVI.

295 — Garniture de cheminée en bronze ciselé et doré composée : 1° d'une pendule forme vase ornée de têtes de satyres avec anses à serpents et de guirlandes de laurier, cadran signé : Martinet, et semé de fleurs de lys; 2° deux girandoles à trois lumières. Style Louis XVI.

296 — Devant de feu modèle à pyramides enguirlandées de laurier, en bronze doré.

297 — Veilleuse montée en bronze doré avec six
branches de lumières. Style Louis XVI.

298 — Petit buste de patricienne florentine en marbre de *Aizelin* signé, sur socle en marbre
rouge griotte.

299 — Paire de vases en bronze offrant en bas-relief
une ronde de nymphes et de satyres. Socles en
marbre noir.

300 — Tapisserie semblable à celle de la chambre
précédente.

301 — Carpette d'Orient, dessin polychrome.

302 — Bas-relief argenté, représentant l'Adoration
de l'Enfant Jésus. Cadre en bois noir guilloché.
XVII° siècle.

303 — Trois mosaïques : paysages, encadrés.

SALLE DE BAIN

304 — Magnifique baignoire en marbre rosé jaspé
d'Égypte, richement garni de bronzes ciselés et
dorés, dessin à guirlandes de fleurs et de fruits
suspendues à des nœuds de rubans, frise à tra-

phée d'arcs, de torches et de carquois, motifs
d'acanthe dans des entrelacs. Style Louis XVI.
Intérieur argenté.

305 — Belle toilette en bois d'acajou richement garni
de bronzes ciselés et dorés, dessus avec étagères
en marbre brocatelle claire, surmontée d'une glace
biseautée, avec cadre à fronton en acajou garni
de bronze doré. Style Louis XVI. Travail
de Jansen.

306 — Paire de beaux bras d'applique en bronze doré,
orné de guirlandes de fleurs et de fruits, cou-
ronnées par des brûle-encens. Style Louis XVI,
système à gaz.

307 — Stalle en acajou avec coussin en tapisserie
verdure.

TABLEAUX

BACKALOWICZ

308 — *Les Jardins du Palais-Cardinal.*

Signé.

BAUDERON

309 — *Fruits.*

Signé.

COMPTE-CALIX

310 — *Scène d'intérieur.*

Signé.

DIAZ

(Genre de)

311 — *Nymphe et Amour.*

FEYEN-PERRIN

312 — *La Baigneuse.*

Signé.

KAUFFMANN
(A.)

313 — *Bords de lacs en Suisse.*

Deux pendants.

LETO

314 — *Femme italienne portant son enfant.*

MOORMANS
(F.)

315 — *L'Aumône.*

MORAND
(E.)

316 — *Paysage de la Russie ; effet d'hiver.*

MORAND
(E.)

317 — *Sujet Russe.*

Aquarelle.

PERBOYRE

318 — *Cavaliers et Amazone au Bois.*

Signé.

PILLE

(HENRI

319 — *Le Déjeuner rustique.*

Dessin rehaussé de couleur.
Signé.

PROUT

320 — *Vue du port de Cologne.*

Gouache.

ROUSSEL

321 — *Nymphe et Amour.*

322 — *Daphnis et Chloé.*

Deux pendants.

SCHALL

D'après

323 — *Les Espiègles.*

Gravure en couleur.

VAN BEERS

J.

324 — *Femme assise.*

Signé et daté 1877.

VAN BLARENBERGHE

(Genre de)

325 — *Paysage accidenté.*

Animé de nombreuses figures.
Gouache.

ÉCOLE ANCIENNE

326 — *Côtes d'Italie.*

Animé de figures et de bateaux.

ÉCOLE FLAMANDE

327 — *Paysage avec figures.*

328 — *Halte à la fontaine.*

Deux petits tableaux se faisant pendants

ÉCOLE FRANÇAISE

329 — *Tête de femme.*

Pastel.

ÉCOLE FRANÇAISE

330 — *Les Appâts multipliés.*

Gravure.

ÉCOLE FRANÇAISE

331 — *La Peinture.*

ÉCOLE FRANÇAISE

332 — *Le Bain.*

333 — *La Toilette de la Marquise.*

Deux pendants.

ÉCOLE FRANÇAISE

334 — *Les Divertissements champêtres.*

Deux pendants.

ÉCOLE ITALIENNE

335 — *La Vierge et l'Enfant.*

Cadre en bois sculpté et doré.

ÉCOLE ITALIENNE

336 — *La Patricienne aux couronnes de fleurs.*

ÉCOLE MODERNE

337 — *La Petite pêcheuse à la ligne.*

ÉCOLE MODERNE

338 — *Fête champêtre.*

Feuille d'éventail.
Aquarelle.

ÉCOLE MODERNE

339 — *Scène de cabaret.*

Deux pendants.

ÉCOLE MODERNE

340 — *Rue de village.*

ÉCOLE MODERNE

341 — *La Femme au hamac.*

Peinture sur porcelaine.

342 — *Vases et fleurs.*

Deux pendants.

VOITURES

343 — Grand vis à vis, huit ressorts, de Labourdette.

344 — Petit duc, de Labourdette.

345 — Charrette anglaise.

www.ingramcontent.com/pod-product-compliance
Ingram Content Group UK Ltd.
Pitfield, Milton Keynes, MK11 3LW, UK
UKHW031748170726
13836UKWH00002B/936